Yű Gung versetzt Berge

Eine Geschichte
erzählt von Silke Treusch
und Florian Aicher

ISBN 978-3-033-03958-2

Die Geschichte spielt in China vor vielen Jahren, als noch ein Kaiser regierte. Aber die Zeit ist vielleicht gar nicht so wichtig, denn die Geschichte könnte mit etwas vertauschten Rollen genauso gut heute stattfinden.

Ein alter Mann lebt in einem kleinen Bergdorf. Sein Name ist Yü Gung – übersetzt heisst das «alter Trottel oder närrischer Greis». Ihr findet, das ist ein komischer Name? Na, dann wartet mal ab. Das Dorf liegt 671 m über dem Meer, in einem engen Tal. Die Bewohner sind arm, Hunger prägt den Alltag, in ihre kleinen Hütten zieht der Wind herein. In der Stadt Peking, viele Ochsenkarrenstunden entfernt, lebt der Kaiser in einem grossen Palast. Seine feinen Kleider sind aus reiner Seide gewebt. Das gesamte Land um das Dorf von Yü Gung und auch die Seidenmanufaktur gehören dem Kaiser.

Shuang, die Frau von Yü Gung, arbeitet in der kleinen kaiserlichen Seidenmanufaktur. Mit flinken Händen spinnt sie feine, seidige Fäden. Ihre Hände sind davon schon ganz aufgerissen. Oft schmerzen sie.

Überall im Dorf flattern bunte, schöne Schmetterlinge namens «Seidenspinner» umher. Sie legen Eier, daraus schlüpfen dann Seidenraupen. Diese wickeln sich in Kokons ein, in denen sie sich in Schmetterlinge verwandeln. Dies ist ein immer wiederkehrender Kreislauf. Werden die Kokons abgewickelt, hat der Kaiser einen 900 Meter langen seidenen Faden. Absolut verboten ist es, die Raupen ausser Landes zu bringen, denn sie sind sehr wertvoll. Sehr zum Ärger der Dorfkinder fliegen diese hübschen Schmetterlinge erst dann durch die Luft, wenn die Kinder schon im Bett liegen.

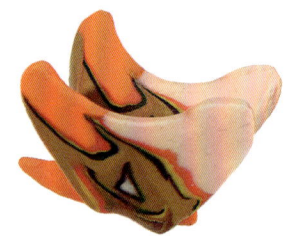

A*m* Morgen macht sich Shuang als erstes auf den Weg um nachzuschauen, ob es den Schmetterlingen und Raupen gut geht. Die Haupt- und Leibspeise der Seidenspinnerraupen sind Maulbeerblätter.

Eines Morgens traut Shuang beim Anblick der Raupen ihren Augen kaum und fängt an zu zittern. Die meisten Raupen liegen tot auf den Blättern im Zuchtschrank. Sie friert. Die Kälte ist dieses Jahr schon früh gekommen, obwohl es erst Anfang September ist. Sie murmelt vor sich hin: «Sie müssen durch den frühen Kälteeinbruch erfroren sein». Aufgeregt läuft Shuang direkt nach Hause.

Yü Gung sägt gerade Holz aus dem Wald. Sie brauchen Brennholz zum Heizen. Shuang berichtet mit zittriger Stimme von der schrecklichen Entdeckung. Zhi Sou sitzt daneben und liest ein Buch. Er mischt sich in das Gespräch ein: «Das ist ja schrecklich, wenn wir keine Seidenfäden haben, können wir auch keine Seide weben und dem Kaiser liefern. Ohne den Kaiser gibt es keine Seidenproduktion, der Kaiser ernährt uns, ohne ihn werden wir verhungern. Ihr wisst ja, wenn es dem Kaiser gut geht, geht es auch uns gut.»

Yü Gung ist etwas durcheinander. Er legt die Säge beiseite und sagt zu Shuang: «Oh, wie furchtbar, du hast dich doch immer so sorgsam um die Raupen gekümmert.» Dann schaut er Zhi Sou nachdenklich an: «Aber was du sagst, stellt die Sache auf den Kopf. Wer ernährt denn hier wen? Wenn wir hier im Dorf nicht die Seide produzieren würden, könnte sie der Kaiser nicht in alle Welt verkaufen, er verdient mehr an uns, als wir dafür bekommen. Nur durch uns ist er so reich. Aber was sollen wir jetzt tun?»

Shuang hat sich wieder beruhigt und gibt Yü Gung recht: «Täglich schuften wir Dorfbewohner für ein paar wenige Silbermünzen, die kaum fürs Essen reichen, zwölf Stunden am Tag. Der Kaiser lebt in Saus und Braus, die Seide aus dem Dorf verkauft er über die Seidenstrasse bis nach Rom. Trotzdem muss ich jetzt zurück in die Seidenmanufaktur, um die noch lebenden Raupen zu retten.» Zhi Sou sagt entschlossen: «Wir müssen auf jeden Fall den Kaiser informieren.»

Am nächsten Morgen hat Zhi Sou den Ochsenkarren schon früh angespannt. Im Dorf ist es noch ganz ruhig. Der kühle Wind pfeift ihm um die Ohren. Schweren Herzens begibt er sich auf den Weg nach Peking zum Kaiser. Zum Abschied umarmt er noch einmal seine Frau: «Liebe Jiao, der Kaiser wird toben, unsere Seide war immer eine der besten aus der Region. Die Schiffe warten bereits im Hafen, um die Seide nach Europa zu liefern. Ich habe Angst, er wird Soldaten in unser Dorf schicken und viele von uns dafür verantwortlich machen, dass die Raupen tot sind. Er wird uns ins Gefängnis werfen.»

Ein langer Weg liegt vor ihm. Langsam rumpelt der Ochsenkarren aus dem Dorf und verschwindet in den Bergen.

Nachdem Zhi Sou dem Kaiser Bericht erstattet hat, teilt ihm dieser verärgert mit: «Nun, nach reiflicher Überlegung bin ich zum Schluss gekommen, dass wir leider die Seidenmanufaktur schliessen müssen. Die Seide in eurem Dorf bringt mir nicht genügend Silbermünzen ein. Zukünftig wird die Seide direkt am Hafen produziert, denn der Weg durch die Berge dauert viel zu lang und ist zu gefährlich. Ich bin auch besorgt. Im Winter könnte der Ochsenkarren vom Weg abkommen und oh je, dann könntet ihr verunglücken mit der Seide. Und irgendwann werdet ihr noch überfallen und die Seide verschwindet auf Nimmerwiedersehen. In der Stadt habe ich gute und billige Seidenarbeiter gefunden, sie sind froh bei mir zu arbeiten, sie sind mit dem Schiff aus der ganzen Welt gekommen. Und eines ist klar, wenn ihr euch nicht an meinen Beschluss haltet, schicke ich meine Soldaten.»

Im Dorf geht währenddessen das Leben weiter. Shuang überlegt mit den anderen Frauen, wie sie schnell neue Raupen heranzüchten könnten. Die Kinder bauen zusammen am nahegelegenen Bach Staudämme. Das kalte Wasser macht ihnen in ihrem Spiel nichts aus. Manchmal würden sie gerne in die Schule im Nachbardorf gehen. Dort könnten sie mit andern Kindern spielen und viel lernen. Aber die kaiserliche Schule dürfen nur die reichen Kinder besuchen.

Nach einer Woche hören die Kinder das Poltern des Ochsenwagens von Zhi Sou. Sogleich werden alle Dorfbewohner mit dem alten Gong in der Dorfmitte zusammengetrommelt. Zhi Sou übermittelt die schlechten Nachrichten des Kaisers.

Alle beginnen wild durcheinander zu reden. «Ja, der Kaiser hat recht, der Weg ist wirklich zu gefährlich.»

Jiaoshi, der Dorfschreiber (die meisten im Dorf können nicht schreiben und lesen) wirft ein: «Wir müssen dem Kaiser etwas geben, damit er die Manufaktur hier im Dorf lässt. Um billiger zu sein, könnten wir ja für weniger Lohn länger arbeiten!»

Andere rufen dazwischen: «Wir können ihm ja auch unser Schwein schenken.»

Nun steigt Yü Gung auf den Karren: «Der Kaiser lebt in einem riesigen Palast der auch durch unsere Seidenspinnerei finanziert wurde, er müsste also mehr als zufrieden sein. Also von mir bekommt ihr keine einzige grüne Bohne, um ihn zu besänftigen…»

Yü Gung fügt amüsiert hinzu: «Und was soll der Kaiser mit unserem Schwein anfangen? Stellt euch doch bitte das Schwein in seinem Palastgarten vor, wie es die fein säuberlich zurechtgeschnittene Wiese, auf der der Kaiser Golf spielt, durchwühlt.»

Shuang fügt hinzu: «Ausserdem geht es dem Kaiser nicht um ein paar Silbermünzen. Das Schwein ist für uns einen Jahreslohn wert, für den Kaiser ist es lediglich eine Vorspeise zum Abendessen. Es geht dem Kaiser nicht um unser Wohlbefinden, er will schneller seinen Silberspeicher füllen, und wir sind ihm dabei zu teuer.»

J*iaoshi* hat eine Idee: «Wir müssen etwas haben, das uns Silbermünzen bringt und unser Überleben sichert. Wir geben unsere Söhne dem Kaiser für die Armee oder schicken sie als Wanderarbeiter fort, dann können sie aus der Ferne für uns sorgen.»

Yü Gung ruft mit lauter Stimme in die Runde: «Ich habe eine andere Idee, wir tragen die Berge ab und der Weg in die Stadt ist nicht mehr gefährlich. Dann sind wir schneller am Meer und haben genügend Ackerflächen. Meine Söhne schicke ich jedenfalls nicht in die Armee. Warum machen wir uns immer abhängig vom Kaiser oder hoffen, dass uns die Götter helfen. So schaffen wir es nie, aus unserem Elend heraus zu kommen. Nehmen wir unser Glück in die eigene Hand.»

Zhi Sou stellt sich in die Mitte: «Lasst uns abstimmen. Wir haben keine andere Wahl und jeder muss sein Opfer bringen. Ich finde es die bisher beste Idee, dass unsere Söhne in der Ferne und in der Armee Geld verdienen, wer ist dafür?» Die Mehrheit des Dorfes stimmt für den Plan, nur Yü Gung und Shuang stimmen dagegen.

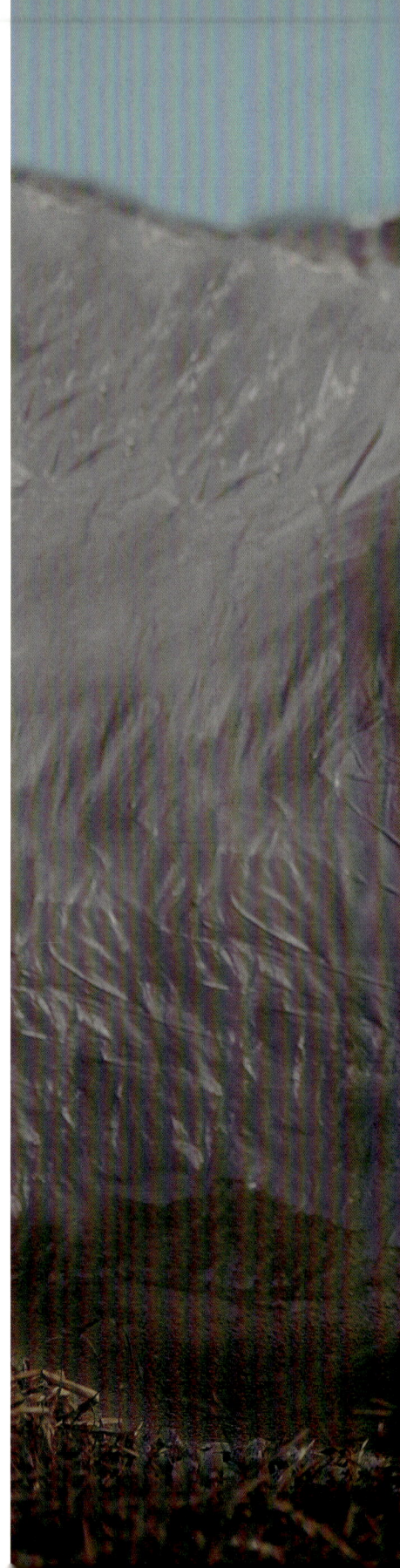

Am nächsten Morgen, die Schmetterlinge sind noch am Fliegen, geht Yü Gung beladen mit etwas Essen, Schaufeln, Körben und Hacken gemeinsam mit seinen drei Söhnen Wing, Wang und Wong auf den Berg. Der Weg ist beschwerlich und es geht immer steiler und beschwerlicher bergauf.

Wing ist sehr still, Yü Gung fragt ihn: «Bist du müde, du bist doch sonst nicht so still?» Wing antwortet leise: «Die anderen im Dorf haben vielleicht doch recht, wovon sollen wir denn jetzt leben? Die Steine, die wir hacken, werden nicht unseren Hunger stillen.» Sein Bruder Wang muntert ihn auf: «Auch wenn du den Erfolg nicht sofort siehst. Schau in die Zukunft, später dann werden wir grosse Ackerflächen haben und genug zu essen.»

Sie gehen schweigend weiter.

Wong hackt etwas lustlos auf einem Stein herum: «Ich bin müde, die Sterne stehen schon am Himmel. Bereits nach einem Tag habe ich keine Kraft mehr. Und niemand wird uns helfen.» Yü Gung beschliesst, für heute aufzuhören und zurück zu wandern. Auf dem Rückweg singen sie das alte chinesische Volkslied: «Wenn die Sonne aufgeht, dann erheben wir uns…». Das macht allen wieder Mut. Der volle Mond leuchtet ihnen.

Sie spüren noch den Nebel im Gesicht, als sie das Dorf in aller Frühe betreten. Schon beim Frühstück wird über die verrückte Idee von Yü Gung gesprochen. Aus einer Hütte dringen Worte an Yüs Ohr: «…Der ist schneller tot, als er das schaffen kann…»

Yü Gung klopft an das Fenster und spricht mit staubiger Stimme: *«Sterbe ich, bleiben meine Kinder; sterben die Kinder, bleiben die Enkelkinder, und so werden die Generationen in einer endlosen Reihe sich ablösen. Diese Berge sind zwar hoch, aber sie können nicht mehr höher werden; um das, was wir abtragen, werden sie niedriger: Warum sollten wir sie da nicht abtragen können?»* *

* Aus der Originalparabel von Liä Dsi – siehe Nachwort

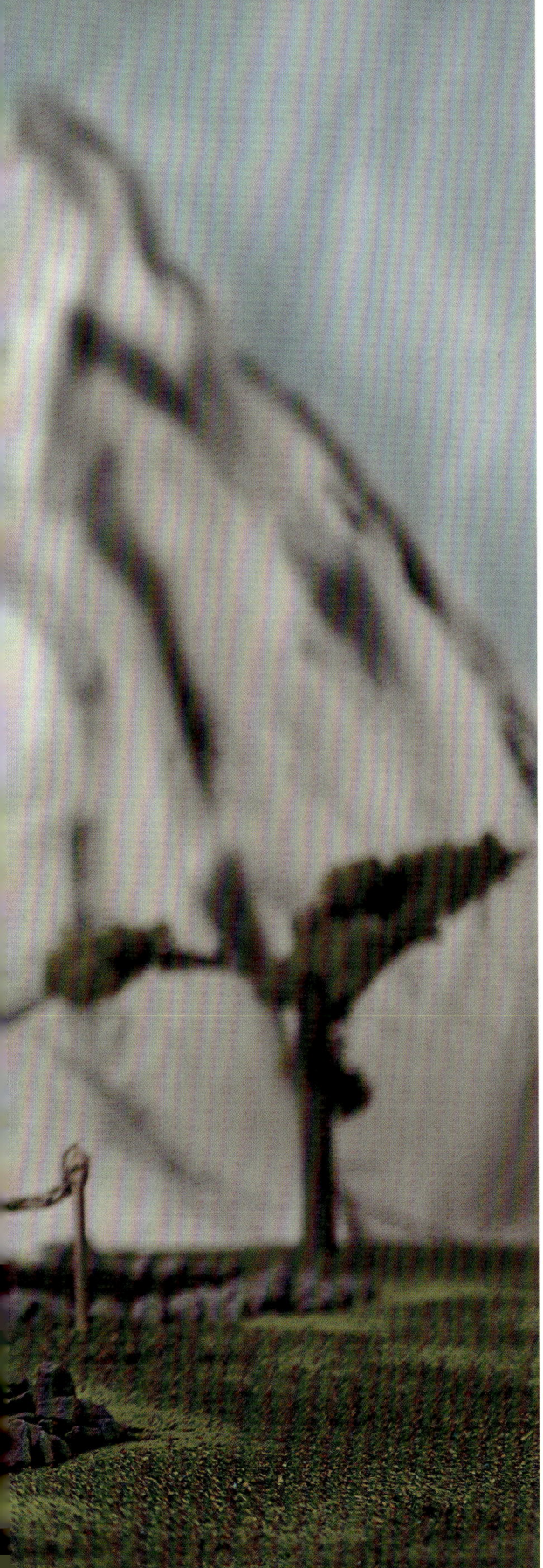

Während Yü Gung täglich und unermüdlich mit bester Laune den Berg abträgt, breitet sich im Dorf schlechte Stimmung aus. Die Dorfbewohner haben nichts mehr zu tun und machen sich Sorgen, wovon sie denn jetzt leben sollen. Wann wird wohl das Geld der Söhne kommen?

Statt zu klagen nimmt Shuang nun die Zukunft selbst in die Hand. Sie beginnt, auf den vom Bergabbau neu gewonnenen Flächen etwas Gemüse anzupflanzen und überzeugt auch andere Frauen mitzuhelfen. So gibt es schon bald auch ohne des Kaisers Geld im Dorf etwas zu essen. Das Knurren der vom Hunger geplagten Bäuche wird leiser.

Yü Gung hackt gerade ein grosses Stück Stein heraus, als er die Stimme seines Freundes Hao hinter sich hört: «Ich habe Brot, frisches Gemüse und etwas zu trinken mitgebracht.» Yü Gung traut seinen Augen nicht: «Was machst du denn hier, mein alter Freund?» «Ich bin neugierig und wollte mal schauen, wie weit ihr schon seid. Ich habe gehört, wie im Dorf über euch gesprochen wird und ich will dich warnen.»

Yü Gung runzelt die Stirn: «Das ist sehr nett, dass du extra den weiten Weg herauf gekommen bist. Was wird denn im Dorf erzählt?» «Zhi Sou meint, ihr müsst sofort aufhören, den Berg abzutragen, und er hat den anderen aus dem Dorf Angst gemacht. Hinter dem Berg sei direkt das Meer. Immer mehr seltsame Leute mit komischen Kleidern, die anders sprechen als wir, würden mit dem Schiff ankommen. Wenn der Berg weg ist, kämen sie direkt zu uns ins Dorf und würden uns alles wegessen.»

Yü Gung ist erstaunt über das, was er gerade hört: «So etwas erzählt Zhi Sou? Ja und, dann kommen sie in unser Dorf, das ist doch toll.»

Zhi Sou ist inzwischen auch den Berg heraufgeeilt. Störrisch mischt er sich ein: «Du verstehst wohl nicht, sie sind anders und sie haben andere Sitten und Gebräuche. Dann wird hier alles anders als bisher!!!» Yü Gung wird wütend: «Na, das passt ja wieder zum grossen Kaiser, hat er dich geschickt? So, wie es ihm gefällt, bringt er uns gegeneinander auf. Solange die Seidenarbeiter am Hafen wenig verdienen, ist es ihm ja auch egal, aus welchem Land sie kommen. Wenn wir nicht zusammen halten, werden wir immer in Armut leben.»

Zhi Sou will gerade etwas sagen, aber Yü Gung hört schon gar nicht mehr zu und redet weiter. «Du bringst mich auf eine Idee. Ich schicke morgen meine drei Söhne in die Stadt, um diese Familien aus fernen Ländern zu suchen. Haben wir den Berg abgetragen, gibt es neues Land und sie können sich ein Haus bauen und Ackerfläche bekommen. Gemeinsam sind wir stark und der Berg wird noch schneller abgetragen.»

Er geht gleich zu seinen Söhnen und lässt Zhi Sou stehen.

Zwei Tage später kommen Yü Gungs Söhne Wing, Wang und Wong mit einer grossen, für manche etwas seltsam ausschauenden rothaarigen Familie auf den Berg. Sie wollen mit anpacken und finden die Idee grossartig. Bei einem gemeinsamen Mittagessen auf dem Berg beraten sie, wie sie weiter vorgehen, um den Berg abzutragen. Heute schmeckt ihnen das Essen noch besser als sonst. Sie bleiben noch lange sitzen, und die Familie hat viel zu berichten von dem Land, aus dem sie kommen und sie erzählen, weshalb sie dieses verlassen mussten.

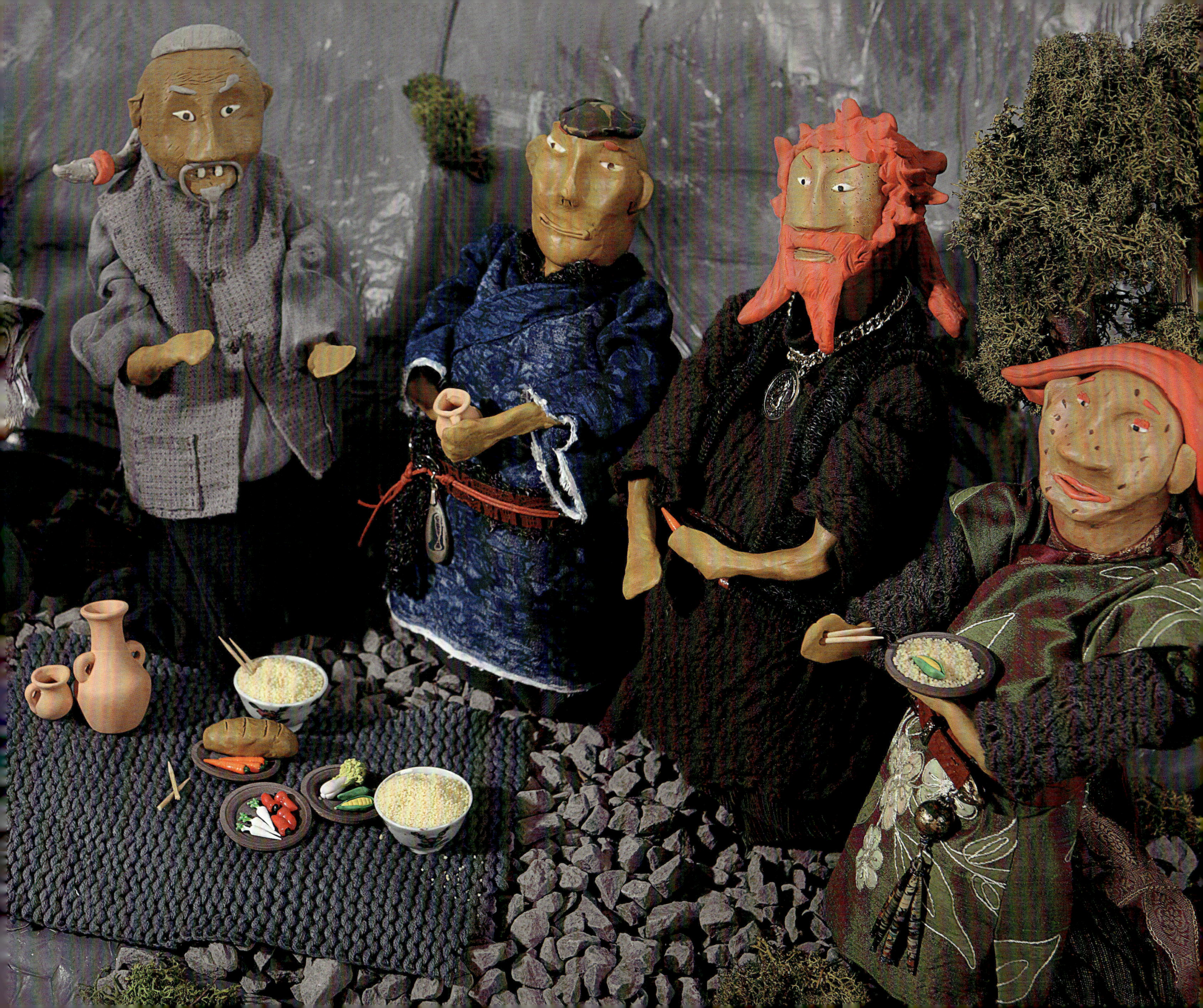

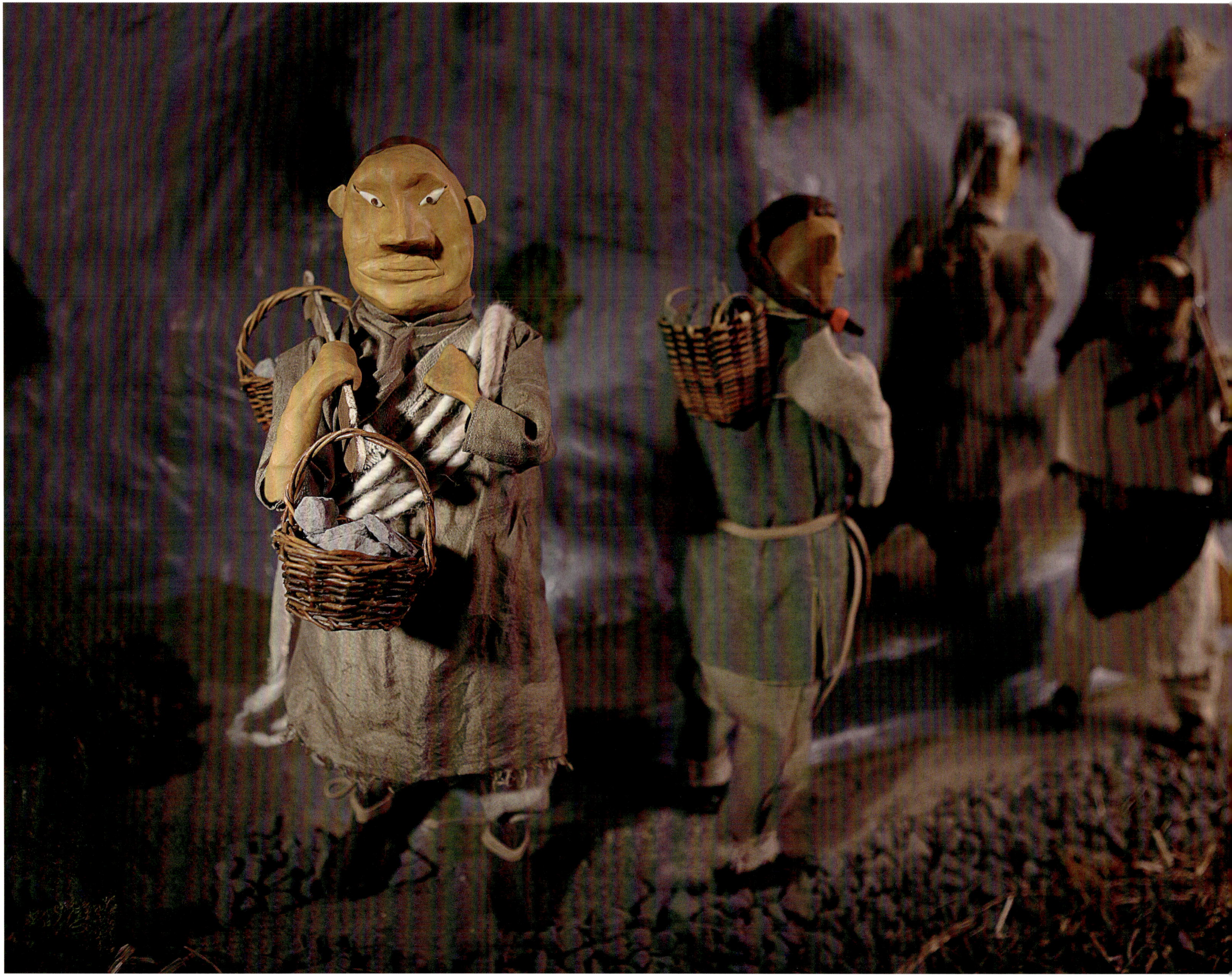

Das spricht sich auch im Dorf unten herum. Immer mehr Dorfbewohner wandern auf den Berg um ihre Neugierde zu stillen. Zunächst noch etwas skeptisch packen Einzelne von ihnen mit an. Gemeinsam mit Yü Gung zerhacken sie das gesamte Bergmassiv in tragbare Gesteinsbrocken und schleppen sie ins Tal hinunter.

Es werden immer mehr fleissige Helfer, die sich von der Idee Yü Gungs anstecken lassen. Der steinige Gebirgsweg wird für die Arbeiter, die mit Körben und Pickeln beladen sind, bald zu eng und alle müssen aufpassen, dass sie sich nicht aus Versehen gegenseitig den Berg hinunter schubsen.

Tagtäglich wird der Berg schon sichtbar kleiner. Sie sind nun schon so viele, dass sie nebeneinander stehend eine Reihe bis zum Dorf bilden können. Die Steine reichen sie von Hand zu Hand. So bewegen sie täglich Tonnen Gestein von oben auf dem Berg hinunter ins Tal. Das macht die schwere Arbeit für den Einzelnen ein bisschen leichter und bringt sie gemeinsam schneller voran.

Die vom Kaiser geschürten Vorbehalte sind bald verflogen. Sie arbeiten nun alle zusammen an ihrem grossen Ziel: die Dorfbewohner, die Familie aus einem fernen Land, Helfer aus dem benachbarten Dorf.

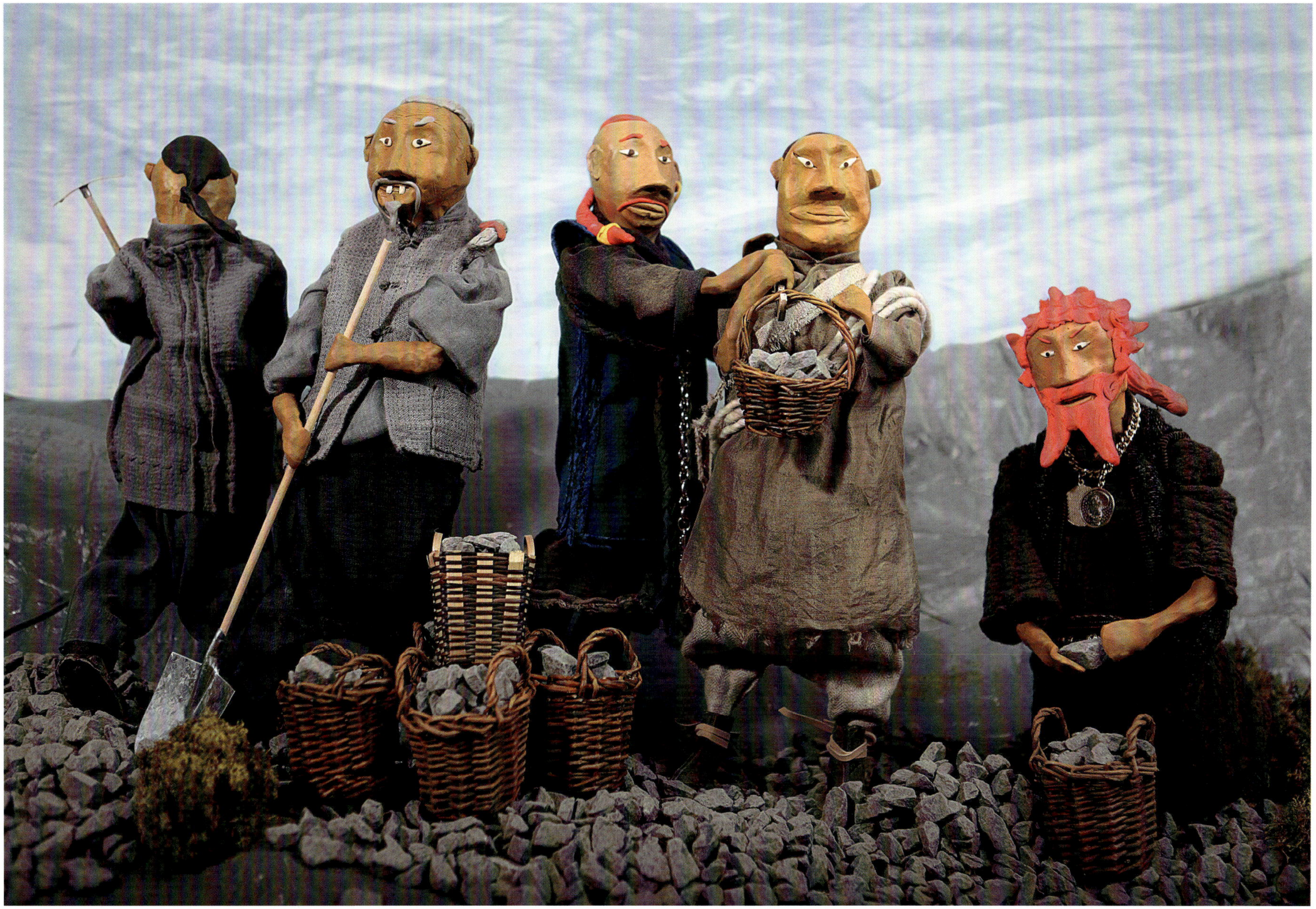

Yǔ Gung freut sich darüber, dass es ihm gelungen ist, dass nun doch so viele mit anpacken und fragt sich: «Wofür brauchen wir eigentlich diesen Kaiser? Wenn wir erst einmal unsere neuen Ackerflächen haben, kommt er und will wieder den grössten Teil davon. Mir reicht es. Und dieser blöde Zopf, den wir als Zeichen der Unterwürfigkeit unter den Kaiser tragen, den schneide ich mir jetzt ab. Ausserdem stört der beim Hacken.»

Allen stockt der Atem. Sie schweigen beklommen, zuerst hatten sie es eine gute Idee gefunden, aber können sie das wirklich tun? Wing steht auf: «Mir gefällt mein Zopf, ich will ihn weiter tragen.»

Jiaoshi fügt hinzu: «Dass wir den Berg abtragen, um schneller ans Meer zu kommen, finde ich gut, aber wir dienen dem Kaiser, wenn er das erfährt, wird er seine Drachen auf uns hetzen.»

Min Zhu, die beste Freundin von Shuang, sagt leise: «Durch den Mut den Zopf abzuschneiden, wird die Sonne der Freiheit hoch am Himmel stehen, niemand wird uns mehr plagen und unser Reichtum, den wir täglich schaffen, wird uns gehören.» Wing klopft genervt mit seiner Hacke auf den Boden: «Du sprichst immer in solchen Rätseln, ich verstehe gar nichts.»

Am Ende des Tages, nach langen Diskussionen, ist der Korb mit Zöpfen gefüllt, nur Zhi Sou hat sich noch nicht entscheiden können.

Mit dem neu gewonnenen Vertrauen in die eigene Kraft bringen alle ihre Ideen und Fähigkeiten ein. Gegenseitig lernen sie für die gemeinsame Sache voneinander.

Die Familie aus dem fernen Land berichtet: «Wir haben in einem Bergwerk gearbeitet und dort auf Holzbalken mit Wagen die Kohle aus dem Berg geholt. So etwas können wir doch auch zum Transport der Steine verwenden!» Gesagt, getan. Sie bauen Holzwagen und eine Strecke, auf der die Wagen rollen können. So geht die Arbeit am Berg noch schneller und leichter voran und wird weniger gefährlich.

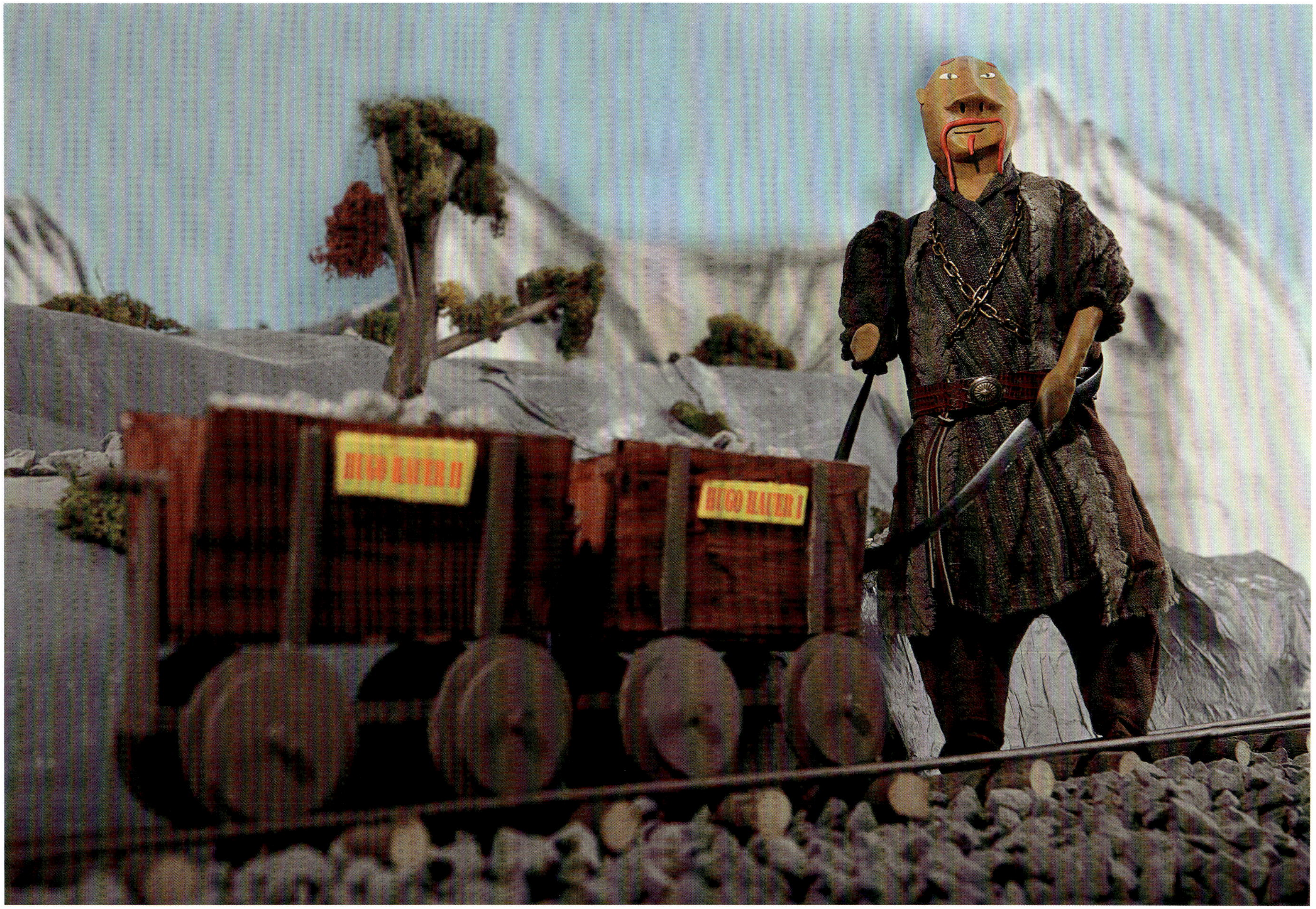
HUGO HAUER II
HUGO HAUER I

絲 ~~kaiserliche~~ Seidenmanufa...

Bereits nach zwei kalten Wintern haben sie das scheinbar Unmögliche vollbracht. Der erste Berg ist abgetragen. Und nicht nur das, sie sind unendlich stolz auf ihre Arbeit und ihr neues Selbstvertrauen. Was sie geschafft haben, spricht sich selbstverständlich in China herum, und natürlich auch, dass sich der Kaiser bei ihnen besser nicht mehr blicken lassen solle. Auch die Seidenmanufaktur führen die Dorfbewohner nun selber weiter.

Alle feiern ihren Erfolg bei Essen, Trank, Musik und Tanz. Auch neues, zuvor noch unbekanntes Essen vom Meer wird herumgereicht. Der knusprig gebratene Fisch mit schwarzen Linsen mundet besonders gut. Wie das alles fein duftet!

Zhi Sou hält seine Tasse hoch: «Nun nehmen wir uns auch den zweiten Berg noch vor, möge es uns gelingen, zum Wohle aller!» Ob sein Wagemut nur am süssen Wein lag?

Y*ü Gung* geniesst den neuen
Blick aufs Meer. Um seine Nase
weht der Wind des Meeres und
der Freiheit, ein neuer Duft, den
er noch nicht kannte.

Ich werde meine Söhne in andere
Länder schicken. Der zweite Berg
ist noch grösser, gemeinsam
mit anderen Völkern werden wir es
schaffen, auch ihn abzutragen.

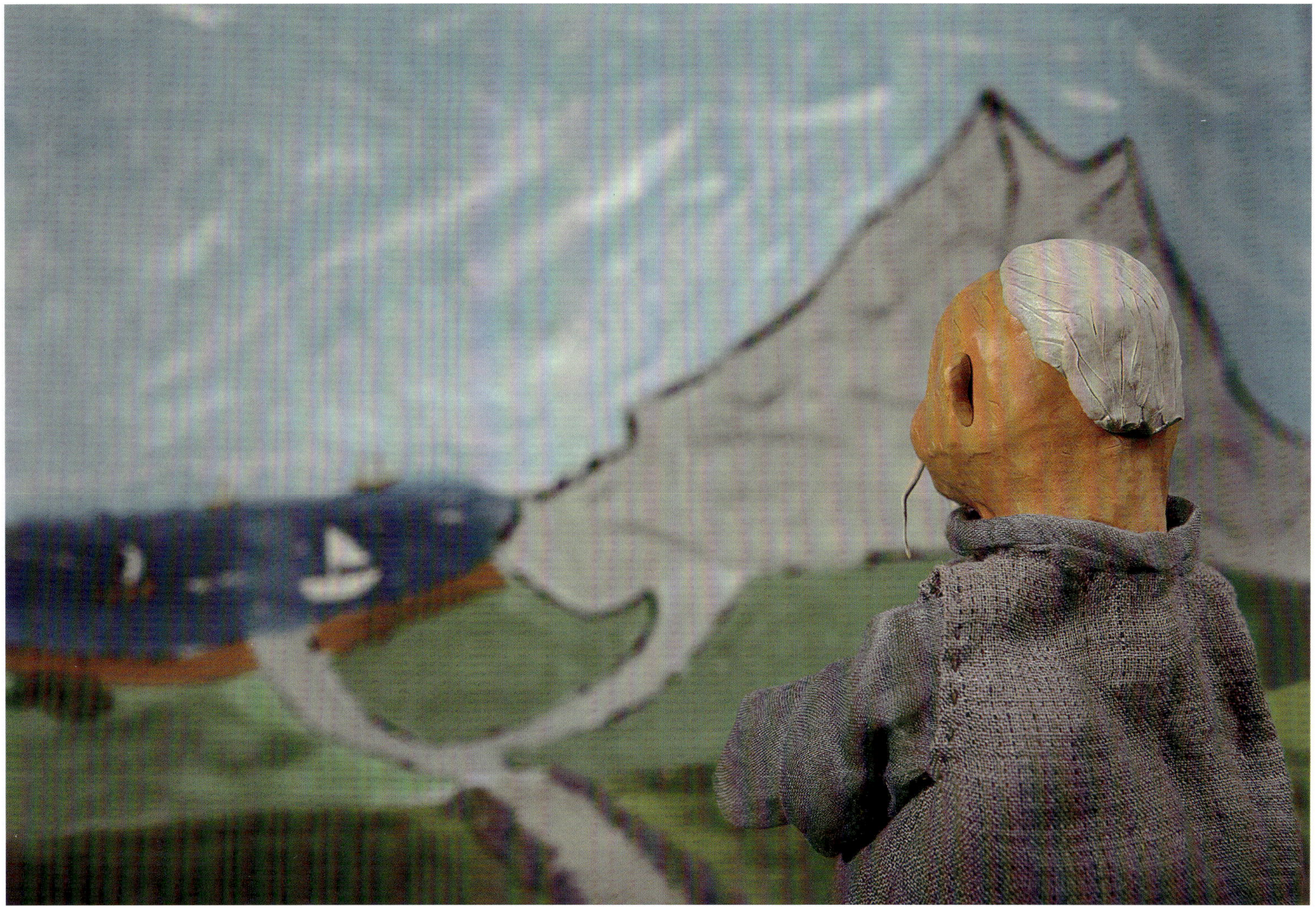

Nachwort zum Hintergrund der Geschichte

Das Buch selbst entstand ein wenig wie die Geschichte. Am Anfang gab es nur die Idee dazu. Mit jeder und jedem, dem wir davon erzählten, begeisterte sich eine Person mehr für die Mitarbeit, bis am Schluss über sechzehn Menschen daran beteiligt waren.

Die Geschichte von Yü Gung hat ihren Ursprung in einer alten chinesischen Parabel von Liä Dsi (ca. 450 Jahre vor unserer Zeitrechnung). Die Götter waren entzückt von der Idee, dass Yü Gung die Berge abtragen wollte und unterstützten ihn dabei.

In China wurde die Geschichte von Yü Gung bis Mitte der 1970er Jahre zur Wirklichkeit. Das chinesische Volk trug Berge ab mit dem Ziel, ein Gesellschaftssystem ohne Ausbeutung und Unterdrückung aufzubauen. Tatsächlich verwandelten sie den einen oder anderen Berg in fruchtbaren Boden. Sie jagten den Kaiser zum Teufel. 1949 wurde die Volksrepublik China unter dem Vorsitz von Mao Tse-tung gegründet. Das chinesische Volk nahm seine Zukunft selbst in die Hand. Die Parabel von Liä Dsi wurde zum Vorbild für eine gleichnamige Kampagne. So hiess es in einem Aufruf: «…Gegenwärtig lasten ebenfalls zwei grosse Berge schwer auf dem chinesischen Volk. Der eine heisst Imperialismus, der andere Feudalismus… wir werden die Gottheit ebenfalls rühren; und diese Gottheit ist niemand anderer als die Volksmassen Chinas. Und wenn sich das ganze Volk erhebt, um mit uns zusammen diese Berge abzutragen, sollten wir sie da etwa nicht abtragen können?»

Habt ihr auch bei euch einen Yü Gung entdeckt? Yü Gung soll ermutigen, das scheinbar Unmögliche möglich zu machen und die Angst davor nehmen, etwas zu verändern oder vor grossen Aufgaben zurückzuschrecken. Eine Frau aus Lateinamerika sagte einmal: «Das Hauptproblem sind nicht diejenigen die uns unterdrücken, sondern es ist unsere Angst, die uns lähmt, uns dagegen zu wehren.»

Dank seiner Entschlusskraft ist es Yü Gung gelungen, die Dorfbewohner für seine Idee zu begeistern und gemeinsam mit ihnen seinen Traum zu verwirklichen. Auch den Völkern der Erde kann es – davon sind wir überzeugt – gelingen, nicht länger in Armut, unter Kriegen und Umweltzerstörung zu leben, wenn sie ihre Angst und die Hürden im Denken, Fühlen und Handeln überwinden.

Organisiert und weltweit verbunden können wir gemeinsam auch den zweiten Berg, den Imperialismus, «abtragen» – er ist nur ein «Koloss auf tönernen Füssen».

«Was uns heute utopisch erscheint, wird in der nächsten, übernächsten Epoche Realität sein.»
Louise Michel, Pariser Kommunardin

Impressum

1. Auflage 3000 Exemplare, Erscheinungsjahr: 2013
Erschienen im Eigenverlag in Zürich/Schweiz
Herausgeber und Copyright: Florian Aicher, artofax.ch

ISBN 978-3-033-03958-2

Fotos: Florian Aicher
Text: Silke Treusch und Florian Aicher
Kostüme: Doris Marti

Grafische Gestaltung: Bodara GmbH, Büro für Gebrauchsgrafik, Zürich, bodara.ch
Druck: printo, Ostrava-Poruba, Tschechische Republik

Ein ganz herzlicher Dank den vielen «Yü Gungs» die mit Lob, Kritik und tatkräftiger Unterstützung in hunderten von Stunden halfen diesen Berg abzutragen und dieses Buchprojekt mit verwirklichten: Mark Adam, Adrian Aicher, Jean Aicher, Lydia Aicher, Katharina Böhmer, Helen Ebert, Rudolf Just, Fredi Lerch, Doris Marti, Camelia Peduto, Tobias Peier, Ferdi Piperio, Otfried Stein. Danke auch an die ArbeiterInnen der Druckerei und Buchbinderei.